ÉTUDE

DES

Améliorations à apporter à la Loi

SUR

LES ACCIDENTS DU TRAVAIL

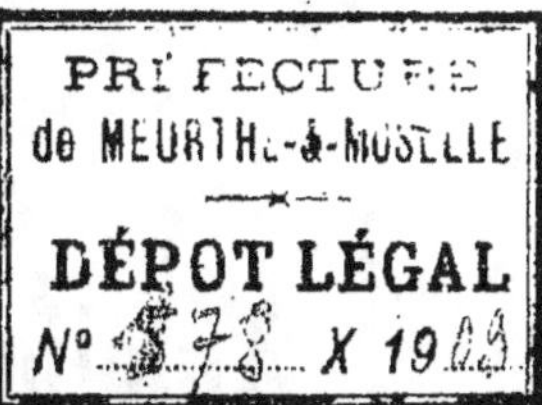

Rapport de M. Paul SPIRE

Industriel

Membre correspondant de la Chambre de Commerce

NANCY

IMPRIMERIE NANCÉIENNE, 15, RUE DE LA PÉPINIÈRE

1909

ÉTUDE

DES

Améliorations à apporter à la Loi

SUR

LES ACCIDENTS DU TRAVAIL

Rapport de M. Paul SPIRE

Industriel
Membre correspondant de la Chambre de Commerce

NANCY

IMPRIMERIE NANCÉIENNE, 15, RUE DE LA PÉPINIÈRE

—

1909

ÉTUDE

DES

Améliorations à apporter à la Loi

SUR

LES ACCIDENTS DU TRAVAIL

Messieurs,

Qu'il me soit d'abord permis, en commençant cette étude, de remercier les membres de notre Compagnie qui ont bien voulu se mettre à ma disposition, me faire parvenir leurs idées sur le sujet qui nous occupe, et me procurer les documents nécessaires.

Je tiens aussi à témoigner à M. Senly, directeur de la Caisse syndicale d'Assurance mutuelle des Forges de France contre les Accidents du Travail, toute ma reconnaissance. Il pourra voir, du reste, en parcourant ces lignes, que je me suis souvent inspiré des solutions qu'il préconise dans une étude précieusement documentée qu'il m'a fait parvenir.

M. Edouard Fuster, directeur de l'Aide sociale, dont la compétence fait autorité en la matière, s'est mis avec la plus grande obligeance à ma disposition pour me guider dans une bibliographie déjà chargée. Je dois aussi, Messieurs, vous prier de vous joindre à moi pour remercier M. Mayen, président de l'Association française des Assurances sociales, et M. de Rousiers, secrétaire de l'Association des Employeurs de main-d'œuvre, de la courtoisie et de l'amabilité avec laquelle ils ont bien voulu accueillir votre rapporteur.

* *

Conformément aux indications de la dernière Assemblée de

leurs présidents, les Chambres de Commerce de France, les unes après les autres, ont inscrit à leur ordre du jour l'examen des conséquences abusives de la loi de 1898 sur les accidents.

Bien que personne ne conteste plus les principes qui ont présidé à son élaboration, l'expérience de ses dix premières années d'application a révélé un certain nombre de défauts auxquels il importe de remédier rapidement, pour empêcher une loi excellente dans son essence de se transformer en instrument d'oppression ou de démoralisation sociale.

Un certain nombre de monographies, une magistrale conférence de M. Villemin à la Fédération des Industriels, la récente communication de M. Paulet au Congrès de Rome (octobre 1908), les résultats financiers déplorables des Compagnies ou Sociétés pratiquant l'assurance accident, suivis du relèvement important des primes, ont attiré l'attention du monde des affaires sur cette question et signalé surtout le danger le plus immédiat : l'augmentation énorme résultant d'abus ou de fraude, des frais médicaux ou pharmaceutiques et des indemnités temporaires. Beaucoup de Chambres de Commerce se sont déjà prononcées. Nous n'avons pas voulu nous limiter à l'étude de cette seule question. Il nous a semblé qu'à l'examiner d'un seul point de vue, nous pourrions dépasser le but, nous tromper, et qu'il importait pour que les Pouvoirs publics accordent à nos travaux l'attention qu'ils méritent, d'examiner d'abord tous les éléments du problème, les divers intérêts en présence, et conclure ensuite en toute impartialité, en toute justice.

Il était d'autant plus nécessaire d'agir ainsi, qu'en examinant de près cette question médicale, en nous entourant de renseignements puisés aux meilleures sources dans notre région même, nous n'avons pu conserver à cette unique question des fraudes toute l'importance qu'y attachait M. Villemin. Sans nier l'existence des fraudes médicales, sans méconnaître l'exploitation méthodique, par certains, de la loi, nous pensons qu'en Lorraine tout au moins, ces abus sont relativement rares, que le corps médical dans son ensemble et la masse ouvrière qui nous entoure ne méritent pas encore les reproches véhéments que certains leur ont trop exclusivement adressés. Et ceux-là ont cru qu'il suffirait du jour au lendemain d'un changement de législation pour tout améliorer.

Nous sommes, pour notre part, plus optimistes et plus pessimistes. Plus optimistes, car nous croyons ces abus assez étroitement limités ; plus pessimistes, parce que nous ne reconnaissons pas à un texte de loi, si parfait puisse-t-il être, le pouvoir de changer les hommes du jour au lendemain et de transformer en petits saints les méchants de la veille.

Qu'il y ait dans l'ensemble une augmentation anormale, inquiétante même, des frais médicaux et pharmaceutique, comme nous le verrons plus en détail au cours de cette étude cela n'est pas douteux ; mais nous ne croyons pas qu'il soit de bonne politique pour obtenir du législateur les changements nécessaires, de nous appuyer uniquement, sur l'exploitation trop facile, par un médecin besogneux, du tarif médical officiel, ou sur les multiples agissements des médecins marrons, des hommes d'affaires véreux dénoncés tant de fois. Mais nous ne nous étonnons pas que M. Villemin se soit attaqué, et le premier, à ces abus, avec la vigueur que l'on sait ; mieux que personne, il était à même de le faire. Président du Syndicat de garantie de l'Industrie où les risques sont les plus élevés : le Syndicat du Bâtiment, il est en contact avec la population ouvrière, à ce point de vue la plus sujette à caution, puisqu'il s'agit, à côté des ouvriers de métier, d'une population flottante, épave de toutes les professions. Son Syndicat est aux prises, à Paris, avec la fraction la moins scrupuleuse d'un corps médical qui, dans toutes les classes de la société, pratique avec plus ou moins d'élégance ou de doigté une culture intensive des honoraires encore peu connue en province ; il se débat contre les agissements d'hommes d'affaires, médecins ou jurisconsultes, qu'une lutte pour la vie, exagérée encore par l'anonymat de la grande ville, rend plus âpres à la curée. Quoi de plus naturel, et nous le verrons avec lui, qu'il trouvât dans ses statistiques, dans les documents dont il s'est servi, tous les éléments du magnifique réquisitoire qu'il a dressé et qui était nécessaire !

Mais il ne faudrait pas s'imaginer que reproduire toutes

ses conclusions augmente le poids de nos réclamations.

Heureusement pour nous, le mal qu'il a signalé est encore localisé. Il touche surtout les grands centres industriels, Paris, les grandes villes du Nord ; le médecin marron ne pousse bien que dans l'ombre où il peut se réfugier, où il peut vivre avec une clientèle exclusive de sinistrés du travail. Il se développe aussi dans les milieux industriels à travail intermittent, à ouvriers variables, comme les industries de chargement ou de déchargement de navires de nos ports : Bordeaux, Rouen, Cette, Marseille. Pour ces populations flottantes, il faudrait peut-être des mesures d'exceptions, des garanties spéciales ; mais, conclure du particulier au général, serait, il m'a semblé, enlever à nos trop justes revendications une grande partie de leur valeur.

*
* *

D'autres, après avoir examiné la loi, après avoir reconnu les défauts, se sont indignés et ont réclamé une intervention rapide et profonde du législateur. Vous penserez sans doute avec nous qu'ils vont peut-être un peu vite en besogne. Une loi comme celle de 1898 qui, d'un jour à l'autre, malgré vingt années d'études théoriques, prétend régir par de nouveaux liens les rapports juridiques de quatre catégories bien tranchées de citoyens, une loi qui s'applique à tant d'industries si différentes entre elles, ne peut immédiatement être parfaite. Sans indignation et sans colère, il faut se remettre à la besogne et considérer tout naturel, après 1902, après 1905, d'avoir encore à rectifier un défaut, à corriger une erreur.

M. Paulet, directeur de l'Assurance et de la Prévoyance sociale au ministère du Travail, dans une allocution charmante, disait, après la conférence de M. Villemin à la Fédération des Industriels, l'année dernière, qu'il ne fallait pas oublier qu'après tout, la loi sur les accidents était une loi humaine, faite par des hommes, appliquée par des hommes.

C'est cette pensée que nous devons méditer avant de demander au Parlement des modifications qu'il ne pourrait hous accorder, ou avant de dénoncer les abus d'autrui s'il nous reste encore un *meâ culpâ* à faire.

***

Quatre intérêts bien distincts sont ici en présence :
L'ouvrier qui réclame la réparation d'un préjudice causé ;
Le médecin qui réclame le paiement d'un service rendu ;
Le patron qui doit la réparation la meilleure ;
L'assureur qui veut la procurer au meilleur compte.

Et cependant, en théorie, comme il paraît facile de concilier ces intérêts si dissemblables ! L'ouvrier ne doit-il pas chercher à reprendre rapidement sa tâche, son gagne-pain, ayant plus besoin, comme le dit un représentant des ouvriers (M. Quillent, *Humanité*, 27 août 1907) de ses facultés de travail que de rentes.

L'assureur et le patron ne doivent-ils pas donner les meilleurs soins, payer les meilleurs médecins pour limiter leur responsabilité, le plus rapidement possible.

Malheureusement, la pratique n'a pas toujours suivi la théorie. Les intérêts ont divergé. Trop d'ouvriers ont voulu profiter des lacunes de la loi. Trop d'assureurs ont spéculés sur l'ignorance de ceux qu'ils devaient indemniser ou sur la gène des médecins qu'ils employaient. Trop de patrons ont oublié d'appliquer toutes les prescriptions de la loi, et, à l'heure actuelle, dans tous les camps, des réclamations s'élèvent contre l'œuvre du législateur de 1898. Chacun voulant non seulement apporter sa pierre à l'édifice, mais aussi démolir l'œuvre du voisin.

Dans l'étude que nous allons faire du texte de la loi, nous avons essayé de tenir compte de tous les intérêts en présence ; nous nous sommes efforcés, aussi impartialement que possible, de ne vous proposer que des solutions tenant compte de ces intérêts, malheureusement contradictoires, et puis, après avoir formulé des conclusions juridiques, nous avons voulu rechercher si, à côté des textes, il n'y aurait pas de nouvelles habitudes d'esprit à prendre ou à imposer, si nous ne pourrions pas utiliser des armes qui n'ont pas encore servi et qui pourraient peut être éviter pour l'avenir la rédaction de nou veaux textes.

***

M. le docteur Petitjean, sénateur de la Nièvre, membre du Comité consultatif des Assurances, a déposé le 21 décembre 1908, au Sénat, une proposition de loi ayant pour objet de modifier les lois de 1898, 1902, 1905, 1906. L'Association des Employeurs de main-d'œuvre dans les ports de France, a remis au ministère du Travail une note sur ce sujet qu'elle m'a communiqué. Nous sommes donc en présence de textes formels pouvant servir de base à la discussion que nous allons aborder.

Champ d'application de la Loi

ARTICLE PREMIER

L'extension de la législation sur la responsabilité des accidents du travail par la loi du 12 avril 1906, à toutes les entreprises commerciales, a mis fin aux controverses ou rendu inutiles des subtilités souvent ingénieuses pour la détermination des établissements assujettis ou non. La seule discussion qui puisse encore s'élever a trait à l'interprétation par les Tribunaux des mots : « accidents survenant par le fait du travail ou à l'occasion du travail, » qui déclarent couverts par la loi des accidents arrivés à des ouvriers contrevenant aux ordres du patron, se trouvant dans des endroits de l'usine où ils n'avaient rien à faire ou se servant d'outils qu'on leur avait interdit. Quelque regrettables que puissent être certaines interprétations trop larges en ce sens, il ne nous paraît pas possible de proposer par un texte une limitation au pouvoir d'appréciation des Tribunaux.

La loi, dès le principe, a été formelle. C'est à l'occasion du travail, que des ouvriers qui se sont blessés en se battant se trouvaient réunis dans l'usine, et les Tribunaux seuls peuvent apprécier si la faute commise par l'ouvrier en s'exposant ou en provoquant l'accident, est suffisamment grave pour être considérée comme la faute inexcusable dont parle l'article 20 et qui, seule, permet une diminution de la réparation accordée par la loi.

ARTICLE 2

Mais si nous ne pouvons demander la limitation du champ d'application de la loi, en étendue, nous pouvons demander qu'il soit apporté plus de précision, en profondeur, à sa limitation.

La loi n'a jamais voulu protéger entièrement, malgré l'ampleur de la théorie du risque professionnel, ceux qui jouissaient de moyens financiers suffisants pour couvrir les risques qu'ils encourent par des assurances personnelles. Elle réserve la totalité de son action à la partie du salaire ou des appointements nécessaire à la satisfaction des besoins immédiats. Cependant le texte, qui ne fait plus entrer pour le calcul des rentes au delà de 2.400 francs le salaire touché que pour un quart, ne paraît pas s'appliquer aux incapacités temporaires dont la réparation est basée sur le salaire journalier. Cette restriction se justifie cependant dans les deux cas, par les mêmes raisons qui l'ont fait adopter pour les rentes, à condition bien entendu qu'il ne s'agisse pas de salaire d'exception, mais de salaires dont la moyenne annuelle dépasse le maximum de 2.400 francs. Nous vous proposons donc, avec l'Association des Employeurs de main-d'œuvre dans les ports de France, de soumettre aux pouvoirs compétents une rédaction nouvelle du paragraphe 2 de l'article 2, ainsi conçue :

« Ceux dont le salaire moyen annuel, qu'il s'agisse de
« paiement au mois ou à la journée, calculé comme il est prévu
« au paragraphe 4 de l'article 3, dépasse 2.400 francs, ne bé-
« néficient de toutes les dispositions de la loi que jusqu'à con-
« currence de cette somme.

« Pour le surplus, ils n'ont droit qu'au quart des rentes ou
« indemnités stipulées à l'article 3, à moins de conventions
« contraires élevant le chiffre de la quotité. »

ARTICLE 3

Nous arrivons à trois grosses questions distinctes :

1° Mode de décompte du salaire s'il est variable et le travail intermittent;

2° Le point du départ de l'indemnité au premier jour de l'incapacité de travail, ou fixation du délai de carence ;

3° Application de rentes à des impotences fonctionnelles n'entraînant pas diminution de la capacité de gain.

Mode de décompte du salaire

a) En cas de travail continu et de salaire fixe, la question est toute simple, une simple multiplication la résout.

b) Si le travail est continu et le salaire variable, nous avons encore les dispositions du paragraphe 3 qui sont bien nettes, le salaire est obtenu par la moyenne des journées de travail du mois précédent.

c) Mais s'il s'agit de travail discontinu avec des chômages (volontaires ou non), comme cela est le cas pour des industries analogues à celle des chargements ou déchargements de bateaux où le travail discontinu est presque la règle, comment faire état de cette situation et déterminer cette moyenne ?

Si l'on déclare que le règlement se fera en prenant le salaire moyen des journées de travail effectué le mois précédent l'accident, sans tenir compte de leur nombre, c'est une prime aux accidents et une œuvre de démoralisation inadmissible.

Exemple : Un ouvrier, dont la moyenne journalière de gain a été de 12 francs, mais qui n'a travaillé que quinze jours, aurait intérêt à se faire blesser volontairement pour toucher tous les jours 6 francs et se reposer.

Si, au contraire, on tient compte des journées de chômage et qu'on les fasse entrer en ligne de compte pour zéro, la solution trop rigoureuse devient choquante et ne peut être approuvée.

L'Association des Employeurs de main-d'œuvre, le juge le plus compétent en la matière, demande pour le calcul des indemnités journalières l'application de la jurisprudence qui s'inspire de la méthode adoptée par l'article 10, paragraphe 3, pour le calcul des rentes ; nous ne pouvons que nous rallier à cette manière de voir, en vous proposant la rédaction suivante :

« Dans le cas de travail discontinu, le calcul du salaire

« journalier se fera de la même manière que celle prévue pour
« le calcul du salaire annuel, à l'article 10, paragraphe 3,
« de la présente loi ».

Délai de carence

Arrivons maintenant au point de départ de l'indemnité, ou
fixation d'un délai de carence.

Nous croyons ici un peu d'historique nécessaire. Nous
verrons qu'en pareille matière les meilleures intentions ne
servent pas et que souvent, à trop prévoir, on arrive au
résultat contraire à celui que l'on désirait atteindre.

D'après le texte antérieur à 1905, il fallait, pour avoir droit
à l'indemnité temporaire, que l'incapacité de travail ait
dépassé quatre jours, le demi-salaire n'étant payé qu'à partir
du cinquième.

Ce texte avait provoqué, à juste titre, de nombreuses réclamations dans le monde ouvrier. L'ouvrier étant blessé, s'il
avait droit à son indemnité, il n'était pas juste, à une époque
où plus que jamais il a besoin de toutes ses ressources, qu'on
lui fit subir une pénalité supplémentaire se chiffrant par
une retenue de quatre jours. La Chambre des Députés avait
donc voté la suppression pure et simple de tout délai de
carence.

Le Sénat ne voulut pas aller jusque là et, sur la proposition d'un industriel notoire, le sénateur Expert-Besançon, il
fut convenu que le paiement des quatre premiers jours ne
serait désormais acquis qu'aux blessés dont l'incapacité de
travail aurait dépassé dix jours.

Les conséquences de cet amendement, nous allons les
examiner ; elles vont, une fois de plus, vous montrer avec
quelle circonspection, on doit intervenir législativement et
combien il est moins dangereux de laisser chacun acco-
moder dans sa sphère une loi imparfaite, que de recourir à
l'intervention du Parlement.

« D'après l'Inspection du Travail (*Journal Officiel*, 13 dé-
« cembre 1907), il a été déclaré en 1904, 222.124 accidents ;
« en 1905, 259.882, et en 1906, première année de l'applica-

« tion de la loi du 31 mars 1905, 306.860. Voilà, en deux ans,
« 84.736 accidents de plus, une hausse de 38 %. D'un autre
« tableau, il résulte que sur mille ouvriers, 52,8 en 1904,
« et 71,4 en 1906 ont été blessés.

« Le rapport constate que les morts et incapacités perma-
« nentes ont augmenté de 10 % ; c'est la part de l'accroisse-
« ment d'activité industrielle. Mais les déclarations d'inca-
« pacités temporaires de plus de quatre jours, ont passé de
« 212.887 à 296.339 en augmentation de 83.452. Déduisez-
« en aussi 10 %, il n'en reste pas moins un accroissement
« d'environ 60.000 accidents légers, sur lesquels il semble
« que la loi du 31 mars 1905 ait eu une influence prépondé-
« rante. Près d'un tiers ! Et c'est ainsi qu'on a pu constater
« par mille ouvriers dans l'industrie chimique, 141,8 acci-
« dents légers au lieu de 92,7 ; dans la métallurgie, 132,4
« au lieu de 94,6 ; dans les pierres et céramiques, 78,1 au
« lieu de 53,9, etc., etc.

« Plus frappants encore sont les renseignements fournis
« par les représentants des patrons assurés. Il paraît bien
« certain que, depuis l'entrée en vigueur de la loi de 1905, le
« nombre des incapacités durant plus de cinq jours, mais
« moins de onze, a régulièrement baissé. Les blessés, en
« effet, cherchent à prolonger de quelques jours leur chô-
« mage afin d'obtenir que rétroactivement le demi-salaire
« leur soit payé, même pour les premiers jours. En un mot,
« un accident survient-il, en voilà si possible pour onze
« jours.

« D'après les rapports annuels du Syndicat de garantie du
« Bâtiment et des Travaux publics, les accidents du travail
« durant cinq à dix jours représentaient, en pour cent du
« nombre total des accidents : 24,71 en 1901, 11,20 en 1907.

« Nous n'aurons bientôt plus d'accidents durant moins de
« onze jours, disent les patrons de ce groupe.

« Et c'est ainsi que la durée moyenne de l'incapacité tem-
« poraire, constatée par le Syndicat, est passée : de dix-sept
« jours en 1900, à vingt-trois jours en 1907, augmentant
« ainsi de 35 %. » (Exposé des motifs de la proposition de
« loi du docteur Petitjean.)

Cet abus, tout le monde le constate, les syndicats ouvriers

eux-mêmes le reconnaissent et, pour une fois, M. Basly et M. Petitjean sont d'accord pour demander, purement et simplement, la suppression de tout délai de carence et le paiement de l'indemnité dès le premier jour.

Un certain nombre de Chambres de Commerce ont incliné dans le même sens. D'autres, il est vrai, ont demandé que le terme de dix jours soit reporté à vingt, mais vous pensez bien que ce n'est pas une solution de cette nature qui prévaudrait, et nous ne voulons pas nous y arrêter ; d'ailleurs, les conséquences actuelles de l'amendement Expert-Besançon ne nous en donnent nullement envie.

Après avoir longtemps penché vers la solution du docteur Petitjean, une réunion à laquelle j'ai récemment assisté à l'Association française des Assurances sociales, m'a amené à une solution mixte, qui me paraît préférable à tous égards et à laquelle, je l'espère, vous voudrez bien vous rallier.

Elle consiste tout simplement à insérer dans la loi un délai de carence très léger, de deux jours par exemple, et utilisé dans nombre de Sociétés de secours mutuels, par les mutualistes ouvriers eux-mêmes.

Que l'on ne vienne pas dire que nous allons frustrer un ouvrier d'un droit acquis ou que nous lui infligeons une pénalité. Nous restons dans l'esprit de la loi, qui n'a jamais enteudu indemniser complètement, dans tous les cas, l'ouvrier victime d'un accident, mais qui a voulu avec un forfait régler la moyenne de tous les sinistres.

Il serait certainement équitable de régler dès le premier jour ; mais, étant donné le nombre énorme de nouveaux accidents d'un jour ou deux, cachant une partie de pêche ou un simple « mal aux cheveux » et incontrôlable que nous amènerait la proposition Petitjean, nous ne croyons pas, dans l'intérêt de tous, que le Parlement puisse refuser une solution aussi sage ; nous sommes même d'accord, sur ce point, avec les travaux préparatoires de la loi de 1902 : « Que les inca « pacités d'une très courte durée ne puissent être indemni « sées par la loi, nul ne le conteste, chacun reconnaît l'im « possibilité de définir et de faire entrer dans le cadre de cette « loi des interruptions de travail d'un jour ou deux ». (Rapport Mirman, 14 mai 1901.)

Nous vous proposons donc une rédaction ainsi conçue :

« Pour l'incapacité temporaire, si l'incapacité de travail a « duré plus de deux jours, etc., l'indemnité est due à partir du « troisième jour après celui de l'accident. »

Nous examinerons, en même temps que la question médicale à laquelle nous arrivons, les abus de petites rentes pour impotences fonctionnelles, qui cependant dérivent de l'article 3, et nous passons à l'article 4.

ARTICLE 4.

L'accroissement constant du nombre des accidents du travail, l'augmentation des charges qui en résulte est due, d'une part, moins à une augmentation sensible des accidents graves, et par conséquent des grosses rentes, qu'à celle des petits accidents donnant droit à des indemnités temporaires ou à des rentes minimes pour incapacités permanentes partielles insignifiantes ; de l'autre part, et par-dessus tout, aux frais médicaux et pharmaceutiques ; alors que, de 1901 à 1906, les capitaux assurés sont passés de 2.828.498.835 francs à 3.614.972.820 francs, soit une augmentation de 27,80 %, les frais médicaux ont passé de 5.416.893 francs à 10.533.987 francs, soit donc une augmentation de 96,46 %.

Et cette augmentation n'est qu'une moyenne ; l'examen des statistiques particulières nous permet de constater combien nous avions raison de nous refuser à suivre aveuglément le brillant et juste réquisitoire (mais pour sa région) de M. Villemin, puisque le Syndicat de garantie, dont il est le président, accuse des frais médicaux, par mille ouvriers complets, de 2.839.50 en 1901, à 13.167.85 en 1907, soit une augmentation de 360 %.

Quelles sont donc les causes de cette augmentation ?

Il faut d'abord tenir compte, dans toutes ces statistiques que certains chiffres, dont nous nous servons, coïncident avec la période d'organisation qui a suivi le vote de la loi ; qu'à l'heure actuelle, 70 à 75 % de l'élément assurable est seulement assuré, et qu'en pareille matière les débuts surtout sont des périodes de tâtonnement. Mais, en tenant compte de ces causes d'erreur, nous devons constater un fait : l'augmentation ininterrompue et hors de proportion avec l'augmentation des salaires assurés. Nous avons déjà dit qu'il ne nous semble pas que dans notre région, tout au moins dans les industries que nous connaissons plus spécialement, le nombre des ouvriers spéculant sur les facilités que donne la loi d'obtenir le demi-salaire en se reposant, sans y avoir droit, soit beaucoup plus élevé que celui des carottiers qui, autrefois, abusaient des secours que leur donnaient les caisses patronales ou les caisses ouvrières auxquels ils pouvaient être affiliés, et que nous avons pu voir fonctionner.

Il y a, dans toutes ces matières, un pourcentage d'abus inévitables dont nous devons tenir compte ; mais il est cependant certain qu'un nombre toujours plus grand d'ouvriers apprend, par l'exemple contagieux des camarades, si même cela ne lui est pas enseigné comme moyen de lutte de classes, à utiliser les bienfaits de la loi pour s'octroyer, à nos frais, un repos que nous n'avons pas à rémunérer. Et cette exploitation va de l'utilisation intensive, par le malade ou le médecin, d'une blessure réelle à l'aggravation d'une plaie, soigneusement entretenue par tous les moyens possibles. Elle varie, depuis la fraude de l'exagération volontaire, jusqu'à la simulation de douleurs ou d'incapacités, quand elle n'amène pas la création de toutes pièces d'accidents fictifs.

Cette exploitation est d'autant plus facile que l'on est à peu près sûr de l'impunité, le patron ou la Compagnie préférant payer, neuf fois sur dix, les indemnités réclamées, que s'exposer aux frais d'un procès, beaucoup plus onéreux encore. Et c'est quelquefois la loi qui encourage toutes ces manœuvres. Nous avons vu comment l'amendement Expert-Besançon était arrivé à supprimer les chômages de six à dix jours pour augmenter ceux de onze à dix-sept. A partir du sixième jour, en effet, l'ouvrier a plus intérêt à chômer qu'à retourner à l'atelier ; cette cause, nous espérons bien la voir disparaître avec la suppression des dix jours, mais il y en a bien d'autres ; les unes sont d'ordre général et inévitables, elles se retrouvent dans tous les pays, dans tous les milieux ; toute personne victime d'un accident, susceptible d'être indemnisé par autrui, est tenté d'en exagérer l'importance. Si vous ajoutez à cela la perspective d'obtenir une rente, voire même un petit capital de quelques centaines de francs, alors qu'on est peut-être dans la gêne, vous ne serez pas surpris du développement de ces maladies nerveuses spéciales, « la sinistrose », qui empêche un ouvrier, quelquefois des mieux intentionnés, de retourner au travail tant qu'il n'a pas obtenu la rente à laquelle il s'est imaginé avoir droit.

Et, dans tout cela, nous avons négligé de faire intervenir le médecin marron, dont nous ne nions pas l'existence, mais qui me paraît avoir été suffisamment dénoncé par ceux qui en ont le plus particulièrement à souffrir. Sans aller jusqu'à la complicité consciente du médecin, sachant sciemment qu'il fraude, voyez combién il est difficile à un praticien de résister à ùn client, d'autant plus exigeant qu'il ne paie pas, qui vient faire antichambre chez celui qui est peut-être un débutant, qui peut amener des clients au médecin qui saura être adroit et qui, surtout, rapporte des honoraires qu'on est toujours certain de toucher ! ! Comme nous le rappellions en commençant, ceci est une loi humaine appliquéè par des hommes. Pourquoi un homme, fut-il médecin, aurait-il seul le courage que tant d'autres n'auraient pas à sa place. L'on ne nous accusera pas, il nous semble, d'avoir poussé notre tableau au noir ; que serait-il devenu si nous avions dressé en face de nous un de ces farouches médecins des syndicats médicaux qui, eux, veulent user de leur droit complet ; qui, au nom de leur droit à la vie, réclament pour eux le droit de se servir, jusqu'à l'abus, de tous les avantages qu'ils peuvent tirer de la loi.

C'est ceux-là que visait M. Paulet quand, dans son rapport de Rome, il écrivait :

« Il en serait autrement (des conséquences de l'exagéra-
« tion des frais médicaux) si cette exagération pouvait résul-
« ter de mœurs médicales introduites de bonne foi, prati-
« quées par des médecins honorables ou admises par eux et,
« dès lors, généralisables sans scrupules. » Et non sans rai-

son, puisque nous avons trouvé dans l'Annuaire officiel des Syndicats médicaux de 1908 la phrase suivante :

« Si l'action syndicale a sa raison d'être auprès de l'Assis-
« tance publique et de la Mutualité, qui, en somme, ont au
« moins un but apparent généreux de réparation des injus-
« tices sociales, elle n'a pas de mesure à garder vis à vis des
« Administrations, des Sociétés industrielles et surtout des
« Compagnies d'assurance. Tout contrat avec ces collecti-
« vités doit être conclu sans sentiment ; les Syndicats médi-
« caux doivent, ici, se montrer intransigeants. Des intérêts
« financiers sont seuls en cause, les médecins ont le droit
« absolu et le devoir de se montrer exigeants. »

Et ces excitations ne sont pas restées lettre morte. M. Senly, directeur de la Caisse syndicale des Forges, me signale les faits suivants :

« La Caisse syndicale des Forges voit le Syndicat des
« Médecins de l'Oise refuser à tous ses sociétaires, non seu-
« lement de donner des soins à ses ouvriers blessés, mais
« même de délivrer le certificat d'origine de blessure. La
« Compagnie générale d'Electricité de Creil s'étant trouvée
« dans ce dernier cas, a présenté, le 11 juin 1908, au juge
« de paix du canton, une requête dans laquelle elle exposait
« que le docteur X... avait refusé de délivrer, au prix fixé
« par le tarif légal, le certificat prescrit par l'article 11 de la
« loi de 1898, qu'elle se trouvait, par le fait de ce médecin,
« dans l'impossibilité de satisfaire aux prescriptions de
« ladite loi et l'article 23 de la loi du 30 novembre 1892, et
« sollicitait la nomination d'un médecin pour examiner le
« blessé.

« Le juge de paix fit droit à la requête et commit un
« médecin. Le docteur commis refusa la délivrance du certi-
« ficat.

« Le 16 juin, autre requête de la Société des Ponts et Tra-
« vaux en fer, ordonnance conforme du juge ; le médecin
« désigné se contenta d'accuser réception de l'ordonnance

« Un autre docteur répondit laconiquement : « N'étant
« tenu d'obtempérer à la réquisition de l'autorité judiciaire
« qu'en cas de flagrant délit, je refuse la mission qui m'est
« confiée. »

D'où vient une telle intransigeance ? Pourquoi cette hostilité à notre égard et comment résoudre une question si difficile, puisque nous nous plaignons déjà de payer trop cher ce que les médecins considèrent comme insuffisant ? Il y a donc, en dehors des fraudes médicales que nous avons volontairement négligées, une question médicale que nous allons brièvement exposer :

L'exercice de la médecine subit certainement une crise que les lois sociales actuelles (et cela dans tous les pays du monde) ne fait qu'augmenter. Le médecin qui voit tous les jours sa clientèle se socialiser un peu plus (extension de la loi sur les accidents au Commerce, demain à l'Agriculture, développement de la Mutualité, etc.), ne peut envisager du même œil que nous ce qui lui diminue, un peu tous les jours, son gagne-pain. Il cherche donc à mieux vivre, et il ne nous appartient pas de protester contre ce qui n'est que le libre exercice du droit de chacun à améliorer sa situation. Nous pourrions répondre aux médecins qu'ils ont, eux comme nous, un devoir social à remplir, et qu'ils doivent, ici, faire des sacrifices pécuniaires dans l'intérêt de tous. -

Mais les médecins que vous pouvez interroger vous expliqueront facilement les raisons d'une telle intransigeance. Elle a pour origine l'intervention entre le blessé et le patron d'un tiers commerçant, la Compagnie d'assurance. Le médecin qui veut bien soigner à des tarifs spéciaux quand il s'agit d'œuvres d'assistance, proteste avec assez de raison quand il travaille pour le compte d'une Compagnie qui cherche d'abord à faire des bénéfices. Une des principales causes du malaise médical provient de là. Le médecin, si intransigeant vis à vis de la féodalité financière, défend sa vie et son indépendance, et nous pouvons difficilement le blâmer. La loi de 1905 spécifiant le libre choix d'une façon plus étroite que les textes précédents, le tarif Dubief avec, pour base, le pansement et la visite, ne sont que les épisodes d'une lutte dont, somme toute, nous subissons le contre coup, entre les médecins qui veulent vivre et les Compagnies d'assurances qui voudraient faire des bénéfices.

A l'enquête contre les fraudes médicales et les médecins marrons, ont répondu des contre-enquêtes faites par des médecins honnêtes. Elles signalent que s'il y a eu des médecins marrons et des ouvriers malhonnêtes, il y a eu des exploitations blâmables de certaines Compagnies ou de certains agents subalternes. Des médecins ont subi des tarifs de famine : cinq à dix francs par accident, quelle qu'en soit la gravité. On a quelquefois cherché à imposer des rédactions de complaisance ; le médecin indépendant se voyant vite menacé, dans une petite ville, de la venue d'un nouveau confrère qui accepterait ce qu'il refusait. C'est pour réagir contre tout cela que nous sommes arrivés au régime bâtard de 1905, dont nous faisons tous les frais, puisque nous payons les primes, régime qui établit un tarif peut-être mal compris sur certains points, mais en tout cas revisable, et imposa un libre choix absolument inorganisé !

Nous ne venons pas vous demander, comme certaines Chambres de Commerce l'ont fait, de revenir sur le libre choix. Ce serait d'abord un peu puéril car le Parlement ne nous l'accorderait pas. Nous ne devons pas oublier, en effet, que la loi de 1905 a eu pour principal objectif d'inscrire plus fermement, dans la loi, un libre choix, que les agissements de certains avaient cherché à réduire. Et puis, ce n'est pas d'un tarif quelconque dont nous souffrons, c'est de l'impunité accordée aux médecins malhonnêtes, c'est de l'exploitation d'une tarification par un médecin sans scrupules.

Différentes solutions ont été proposées, parmi lesquelles il nous est bien difficile de prendre parti ; les uns voudraient la création d'un Ordre de médecins avec certaines règles disciplinaires ; les autres voient le salut (et avec eux le docteur Petitjean) dans la formation de commissions d'arbitrage qui connaîtraient des difficultés s'élevant au sujet des accidents. Pour nous, quelle que soit la solution, nous l'acceptons si elle a pour base un contrôle et en cela, nous serons intransigeants. Nous ne pouvons admettre qu'au nom d'un principe sacro-saint d'orgueil froissé, un médecin vienne nous déclarer qu'il n'acceptera pas de contrôle. En acceptant le privilège du paiement des honoraires par un autre que son client, qui ne peut plus se rendre compte par lui-même, il se place dans une situation toute spéciale qui entraîne une responsabilité particulière.

Quant le client est un accidenté du travail qui n'a plus à se préoccuper de paiement et que ce paiement est réglé par la loi, le payant doit conserver un droit de contrôler l'emploi qui est fait de son argent et c'est pour cela qu'il doit y avoir une intervention légale,

Lorsque la loi fixe un tarif réglementant les honoraires des notaires, elle donne à un pouvoir judiciaire une possibilité de revision des taxes..

Quand une ville établit un bordereau de prix pour des travaux que le client qui les paie ne peut contrôler, on s'adresse à des architectes qui contrôlent l'emploi de ce bordereau.

Et lorsque la loi donne à des médecins le pouvoir de faire payer pendant des mois et des mois des sommes importantes ; quand la rédaction d'un simple certificat peut, par ses conséquences, entraîner le paiement de rentes très élevées, le médecin pourrait discuter la nécessité de ce contrôle ! Nous ne croyons pas que cela soit soutenable.

Nous admettons le libre choix ; nous ne protestons pas contre le pansement et la visite, mais nous réclamons un contrôle. Et non pas le contrôle bâtard, irraisonné, du régime de méfiance actuel, mais un contrôle absolu par la collaboration constante, partout où cela sera nécessaire, des deux éléments primordiaux : le médecin de l'ouvrier qui souffre, celui du patron qui paie

Si l'ouvrier veut son médecin à lui, il doit être libre de le prendre, mais avec un contrôle constant et la certitude du souci d'une responsabilité d'autant plus grande que les conséquences des abus sont plus graves.

Le médecin consulté par un ouvrier accidenté, et qui ne serait pas celui du patron ou de la Compagnie, devrait, dans les vingt-quatre heures, prévenir le patron ou la Compagnie d'assurance du patron, se mettre d'accord avec le médecin que celui-ci ou celle-là lui aura désigné pour la visite en commun du malade, pour l'établissement du certificat médical et pour les traitements à suivre. En cas de désaccord, il serait temps de recourir au juge de paix, pour désignation d'expert médical chargé de trancher le différend ; mais ce simple contrôle permettrait certainement la diminution des abus, sans recourir à cette mesure extrême, impossible à obtenir, suppression du libre choix ou l'adoption d'un tarif forfaitaire.

Nous ne sommes pas partisans du forfait, tout au moins tel qu'il est actuellement présenté, c'est-à-dire tant par catégorie de blessure, parce qu'un forfait est toujours arbitraire, surtout en médecine, où, comme on l'a dit bien souvent, il n'y a pas de maladies, il n'y a que des malades. Parce qu'un forfait ne détruira pas les fraudes ; un forfait, votre pratique commerciale vous a démontré mieux que je ne saurais le faire que, dans la plupart des cas, le forfait, même bien établi, lèse toujours quelqu'un. Si ce sont les médecins qui doivent l'être, nous pouvons comprendre leurs protestations et nous ne pouvons pas plus demander qu'on le leur impose, que nous ne voudrions l'accepter pour nous-mêmes. Si les accidentés doivent en souffrir, il nous serait encore plus nuisible que la situation actuelle. Nous devons donc le repousser.

On nous a parlé du forfait allemand pour essayer de nous convaincre, mais la situation n'est pas du tout la même et l'on peut très bien admettre un forfait de ce genre et repousser, en France, le forfait proposé par les Compagnies d'assurance.

Voyons ce qui se passe à Francfort, par exemple, où l'on a réussi à concilier le libre choix avec un forfait très acceptable.

En Allemagne, l'assurance est obligatoire, et pendant les treize premières semaines, c'est la caisse de maladie qui a la charge du blessé.

Cette caisse de maladie est alimentée en grande partie (deux tiers) par les cotisations de tous les ouvriers d'une même industrie et par celles des patrons (un tiers). Dans ces conditions, les cas d'abus d'indemnités temporaires sont limités par ce fait même que ce sont les ouvriers qui en font surtout les frais.

En face de cette caisse de maladie se trouve une association de médecins au libre choix, dont font partie presque tous les médecins de Francfort, qui s'est engagée par traité à soigner tous les blessés de la caisse.

La caisse fait créditer d'une façon forfaitaire, à des périodes convenues, l'association des médecins d'autant de fois quatre marck qu'elle a compté d'ouvriers inscrits dans l'année.

Un accident arrive, n'importe quel médecin est appelé, il note ses visites, donne ses soins, établit sa note d'honoraires qu'il envoie à la caisse ; à la fin de l'année, on répartit l'encaisse d'après les soins donnés par chaque médecin ; si la caisse n'est pas assez riche, chacun subit une réduction proportionnelle.

Tout autre est le système français, appliqué de longue date par les Compagnies d'assurance et contre lequel les médecins n'ont cessé de protester. La Compagnie traite à forfait, à tant l'accident, quelles qu'en soient les conséquences ; vous voyez la différence : le médecin, seul, a tous les risques. Si l'on peut admettre un forfait genre allemand, qui n'implique de bénéfice pour personne (lorsque le demécin payé au marc le franc ne gagne pas, personne au moins ne s'enrichit à ses dépens), on ne peut imposer un forfait au médecin qui, à tort ou à raison, considèrera cette manière de le régler comme l'oppression d'une puissance financière qui l'écrase, pour gagner à son détriment les plus grosses sommes possibles.

C'est cette intervention des Compagnies d'assurances à bénéfice qui complique la situation médicale, et qui a amené entre patrons et médecins cette sourde hostilité dont j'ai recueilli les échos et qui s'explique par ce fait que les médecins ont vu trop souvent les patrons solidariser leurs intérêts avec celui des Compagnies d'assurances qui cherchaient à les exploiter. Les médecins les plus intransigeants (j'ai reçu à ce sujet une lettre du docteur Diverneresse bien typique) qui dirigent les Syndicats médicaux dont je vous ai signalé l'état d'esprit, se déclarent prêts à s'entendre avec nous, si nous pouvons nous passer d'intermédiaires entre eux et nous.

Ce trop long exposé m'a semblé nécessaire pour vous demander d'accepter nos conclusions : maintien du *libre choix, mais sévèrement organisé et contrôlé*; revision pure et simple du tarif actuel basé sur le pansement et la visite; remaniement complet de l'article 4 permettant, avec le contrôle médical, la surveillance du malade, l'établissement en temps opportun des différents certificats exigés et l'exacte reprise du travail à l'époque indiquée par les médecins traitants.

Incapacités permanentes, partielles

ARTICLE 3 et 21

Une des causes et non des moindres des mécomptes financiers de la loi provient aussi de la tendance suivie un moment par les Tribunaux, qui accordaient trop facilement des rentes insignifiantes pour des incapacités permanentes, entraînant des impotences fonctionnelles, il est vrai, mais de minime importance, se chiffrant par une diminution de 1, 2 ou 5 % et ne pouvant influer en rien sur la capacité de travail de l'ouvrier.

L'article 3, les travaux préparatoires de la loi, les commentaires qui l'ont suivi sont cependant formels.

Pour l'incapacité partielle et permanente, l'ouvrier a droit à une rente égale à la moitié de la réduction que l'accident aura fait subir au salaire. Il va sans dire que, d'accord une fois de plus avec M. Paulet, nous ne voulons pas l'interprétation littérale de cet article en ce qui concerne le mot « salaire ». Nous comprenons parfaitement que l'allocation de la rente, que la réparation d'un accident laissant après lui un amoindrissement certain de force, ne puisse pas dépendre des hasards d'un embauchage immédiatement consécutif à l'accident et qui pourrait, par calcul intéressé, être au même taux que le salaire primitif ; mais nous demandons que « si « l'on veut demeurer fidèle à l'esprit de la loi, le juge se borne « à comparer au salaire réellement touché pendant l'année qui « a précédé l'accident, le salaire annuel que l'ouvrier, avec sa capacité de travail diminué, peut atteindre dans l'avenir. »

Ces principes si sages, ont été cependant trop oubliés par les tribunaux. Par un humanitarisme de surface, pour contenter tout le monde, les tribunaux ont accordé des rentes de dix, vingt ou trente francs par an, pour de menues pertes de substance, raideur d'un doigt n'ayant pas d'influence possible sur la capacité de travail de l'ouvrier, capacité seule que la loi française a envisagée.

Partant du même principe de concessions réciproques, nos tribunaux ont aussi accordé des rentes manifestement insuffisantes à des incapacités permanentes cependant importantes.

L'Allemagne, qui nous a précédé dans la voie des assurances sociales, n'a pas hésité, en supprimant toutes les rentes pour des impotences fonctionnelles inférieures à 10 %, à être beaucoup plus large que nous pour les vrais infirmes qui peuvent quelquefois toucher des rentes égales à la totalité de leur salaire antérieur à l'accident.

Nous ne vous demandons pas de conclusion sur ce point, car nous assistons en ce moment à un revirement de la jurisprudence conforme à nos désirs ; les motifs des arrêts que nous reproduisons ici nous donnant toute satisfaction :

Arrêt de la Cour de Paris, du 4 août 1908 :

« Considérant, dit cet arrêt, qu'il est impossible d'admettre « qu'une réduction de 4 % au point de vue médical ait une « répercussion sur le salaire ; qu'une lésion aussi insigni- « fiante ne saurait avoir d'influence appréciable sur le « salaire que Robert peut gagner par son travail, etc. etc. »

Arrêt de la Cour de Besançon :

« Attendu que si au point de vue physiologique la réduc- « tion de capacité peut être évaluée à 5 %, cette réduction « est sans aucune influence sur les facultés de travail que « l'accident laisse à l'ouvrier ; qu'en raison du caractère for- « faitaire de la loi de 1898, l'indemnité ne peut être calculée « que sur la diminution du salaire ; que la proportion dans « laquelle est diminuée la capacité professionnelle est inappré- « ciable et que normalement son salaire ne doit supporter « aucun abaissement... »

Arrêt de la Cour de Limoges :

« Attendu que le texte et l'économie de la loi du 9 avril « 1898 révèlent avec évidence que les accidents qu'elle pré- « voit ne peuvent être la cause de la constitution d'une rente

« viagère, qu'à la condition que l'incapacité qui en résulte
« soit non seulement permanente, mais encore susceptible de
« réduire désormais dans une proportion plus ou moins
« notable le salaire gagné dans l'année qui a précédé l'acci-
« dent. »

La question paraît donc résolue.

Rachat des rentes

Mais il n'est pas possible d'examiner la question sans y
joindre étroitement celle du rachat des rentes inférieures à
100 francs (art. 21). Nous avons tout à l'heure accusé les
magistrats, mais ils ne paraissent pas seuls responsables de
ces entrainements de la jurisprudence. Nous croyons, au contraire, y sentir l'influence de deux éléments peu habitués à se
trouver d'accord : l'agent d'affaires, conseil de l'ouvrier, et
la Compagnie d'assurance.

La loi stipule que seules seront susceptibles de rachats, les
rentes inférieures à 100 francs. Or, 100 francs de rente repré-
sente une grosse somme liquide pour un ouvrier peu habitué
à manier de l'argent et peut-être endetté. Lors de la conci-
liation devant le président, surtout pendant les premières
années de la loi, alors que beaucoup de magistrats ignoraient
encore qu'il ne leur était même pas permis de sanctionner
des accords inférieurs aux garanties de la loi, vous devinez
facilement les tripotages qui se passaient pour faire accepter
une petite rente à un ouvrier gravement blessé.

L'agent d'assurances, heureux de s'en tirer à si bon compte,
cherchait encore après l'accord (cela s'est produit et a dû être
interdit par le contrôle) à racheter la rente pour une somme
quelconque, inférieure à sa valeur de rachat. L'ouvrier
content d'avoir quelque argent devant lui, l'agent d'affaires
heureux de toucher tout ou partie de ce qu'il s'était réservé
du gâteau, acceptaient ce rachat.

Après cela, rien d'étonnant que pour calmer un ouvrier
intransigeant, menaçant d'user de la possibilité d'aller en
appel et exposer de nouveaux frais, un magistrat qui avait
sanctionné un accord comme celui que nous venons d'ana-
lyser, ait prié la Compagnie d'assurances d'accepter à son

tour un règlement de rente pour une impotence fonctionnelle sans importance !

Aussi, croyons-nous préférable, pour éviter tous ces mar-
chandages, d'interdire à l'avenir le rachat de toute rente en
espèces, ou tout au moins de n'en permettre le rachat que dans
des conditions toutes particulières, dont le président du
Tribunal civil pourrait être juge.

Nécessité de la déclaration par le blessé ou le médecin

En entrant dans le détail de la loi, on est surpris de constater des oublis dont les conséquences paraissent, au premier abord, peu graves, mais dont l'importance va croissant,
lorsqu'on a en face de soi des ouvriers voulant frauder.
Nous voulons parler de la déclaration d'accident par le
blessé.

Il peut arriver, et des faits ont été cités, qu'un ouvrier
blessé dans un chantier, dans un travail quelconque, rentre
chez lui, fasse appeler un médecin, se fasse soigner comme
il l'entend et puis, fort de son certificat médical, onze mois
après l'accident, vienne réclamer indemnité, soins, rente, etc.
Que l'on ne crie pas au raisonnement par l'absurde, cela est
possible, cela s'est fait : l'espèce suivante, qui nous est si-
gnalée, s'en rapproche sensiblement :

« M. le Directeur des Etablissements X... attirait
« ces jours derniers notre attention sur ce cas : un de ses
« ouvriers qui habite Y..., à six kilomètres de l'usine,
« a reçu, le 19 novembre dernier, un poids de deux kilo-
« grammes sur le pied ; rentré chez lui, il a prétendu ne plus
« pouvoir marcher et, depuis lors, il n'a pas repris son travail ;
« il nous écrit de temps à autre qu'il n'est pas encore guéri ;
« on ignore le nom du médecin qui le soigne, car il se garde
« bien de le faire connaître, en sorte que nous allons
« être obligé d'envoyer, auprès de ce blessé, un médecin
« de Paris pour se rendre compte de son état. »

Et remarquez qu'en la circonstance, il n'y a que demi
mal, puisque l'ouvrier déclare son accident, qu'on connaît le
domicile, mais le même cas pourrait se produire sans que le

patron connaisse l'un ou l'autre. Voyez alors les complications quand il s'agira du règlement.

Il faut donc un nouveau texte de loi, puisque la loi actuelle déclare un patron responsable de la déclaration d'un accident qu'on ne lui a peut-être pas notifié.

Comme il paraît difficile d'exiger d'un ouvrier quelquefois illettré, quelquefois grièvement blessé, une déclaration qu'il ne lui est peut-être pas possible de formuler, nous vous proposons d'émettre le vœu que :

« Tout blessé, ou à son défaut tout médecin requis pour
« donner ses soins à un accidenté du travail, devra en faire
« la déclaration dans les vingt-quatre heures au patron de
« l'accidenté ou, à son défaut, à la mairie de la commune
« où il aura donné ses soins, à charge par le maire d'en
« prévenir sans délai le patron de l'ouvrier blessé. »

*
* *

Il reste encore bien d'autres points à examiner en détail, mais ils sont de moindre importance à côté de ces questions que nous n'avons cependant fait qu'effleurer.

Mineur de seize ans

C'est pour cela que nous nous contentons d'indiquer l'article 8, fixant le salaire du mineur de seize ans, de telle façon qu'il lui est possible de toucher plus lorsqu'il est accidenté que lorsqu'il travaille. Nous ne vous demandons pas de conclusion sur un cas qui, après tout, ne peut s'appliquer qu'exceptionnellement.

Abus judiciaires

Nous ne signalons qu'en passant la grosse question des abus judiciaires provenant, comme nous l'ont signalé avec juste raison plusieurs membres de notre Chambre, d'enquêtes à jets continus provoquées par des juges de paix ou des greffiers, désireux d'augmenter leurs maigres émoluments. Nous croyons, cependant, avec le docteur Thiellement, dont nous tenons à vous signaler le remarquable ouvrage modéré et impartial, que l'institution d'un contrôle médical, impliquant l'établissement d'un certificat détaillé et contradictoire, entraînerait la limitation de toutes ces enquêtes à des points absolument précis et réduirait de beaucoup tous ces frais.

Nous croyons, au surplus, que même en l'état actuel il suffirait de signaler au procureur général, les magistrats, les officiers ministériels abusant de leur droit, pour les voir rappelés rapidement à une plus saine compréhension de leur devoir.

Nous n'avons pas non plus attiré votre attention sur les abus judiciaires provenant de procès soulevés, d'appels interjetés inconsidérément par des ouvriers auxquels l'assistance judiciaire, accordée obligatoirement, donne toutes les audaces. Nous avons d'autant plus scrupule à le faire que nous ne croyons pas possibilité, sur ce point, d'avoir toujours raison.

Peut-être pourrait-on, si, comme nous l'espérons, on réorganise le côté médical de la loi, permettre au président du tribunal de refuser à un ouvrier l'assistance judiciaire lorsque sa demande serait déjà contredite par deux expertises médicales, mais cela est d'autant plus secondaire, et nous hésitons d'autant plus à en parler, que nous savons tous que la grande arme dont se servent tous les jours les Compagnies d'assurances, quelles qu'elles soient, pour retarder un paiement, est cette arme du procès éventuel auxquels, par principe, elles contraignent leurs créanciers.

Sanctions

Mais les abus des uns ne doivent pas excuser ceux des autres, d'autant plus que le contrôle a, sur les Compagnies d'assurances, une action qu'elle, ne peut avoir sur les ouvriers et les médecins.

Il y a, dans toutes les questions que nous avons examinées, une part d'abus impossible à éviter, contre lesquels toute action sera d'autant plus vaine, que le remède pourrait coûter plus cher que le mal. Mais, à côté de ces abus, il y a des fraudes qui constituent un délit nouveau, comme le risque professionnel nous a imposé un devoir nouveau. Les tribunaux l'ont déjà compris, en ce qui concerne les médecins tout au moins, et les quelques poursuites intentées depuis peu, ont abouti à des condamnations très sévères, qui permettent d'espérer une amélioration de ce chef. Mais il faut faire plus, il faut que chacun sache en fraudant qu'il s'expose à des peines d'autant plus sévères que le contrôle est plus difficile, et nous vous proposons de vous joindre au docteur Petitjean pour demander avec lui d'ajouter à l'article 30, *in fine* :

« Sera punie, sous réserve de l'application de l'article 463
« du Code pénal, des peines édictées par l'article 405 du
« même Code, toute personne qui aura simulé un accident
« ou toute victime d'un accident qui se sera fait délivrer ou
« aura tenté de se faire délivrer l'indemnité journalière fixée
« par l'article 3, alors qu'elle a repris sa profession ou toute
« autre, dans l'exercice de laquelle elle reçoit un salaire.
« Sera passible des mêmes peines, quiconque se sera rendu
« ou aura tenté sciemment de se rendre complice de ces
« manœuvres. »

*
* *

Nous pouvons maintenant conclure.

La loi sur les accidents nous a donné quelques mécomptes, nous ne devons pas nous en étonner, cela est général, quelque soit le régime adopté, quel que soit le pays. Toute loi sur les accidents a donné pareil résultat et chaque pays cherche le remède adopté à son tempérament, mais nous ne devons pas, en France, nous étonner plus que de raison.

La loi sur les accidents doit nous revenir plus cher qu'ailleurs, parce que nous l'avons voulu. La non-obligation est un luxe qui se paie et, comme le dit M. Paulet dans son rapport de 1900 :

« Des deux objectifs de l'assurance obligatoire régle-
« mentée, certitude de paiement des indemnités dues, bon
« marché des primes par la totalisation des risques et l'ab
« sence des bénéfices de gestion, la solution législative fran-
« çaise atteint le premier qui est, à tout prendre, l'essentiel.
« Elle préfère au second la liberté de couverture. »

Nous avons préféré la solution élégante, c'est au détriment de la bourse ! Il est bien certain que la solution idéale, au point de vue rendement, serait l'obligation pour tous, le recouvrement des primes comme en matière d'impôt, la fonctionnarisation des médecins d'accidents avec des appointements fixes et des hôpitaux spéciaux, mais un tel caporalisme nous répugne et il ne saurait en être question.

Nous croyons cependant que l'extension de la loi aux risques commerciaux va amener dans les comptes des Compagnies d'assurances un peu plus d'équilibre.

Plus le champ d'application de la loi s'étendra, mieux se répartiront les risques. On arrivera plns aisément à des fixations de primes permettant d'établir des prix de revient n'entraînant plus de perte.

Mais il faut pour cela qu'après avoir remédié aux abus que nous signalons, on puisse s'arrêter un peu et regarder le chemin parcouru avant d'amorcer des modifications nouvelles dont on ne peut prévoir les résultats.

Nous croyons aussi, après avoir peu ménagé jusqu'ici les Compagnies d'assurances, qui cependant sont toutes en perte du chef de l'assurance-loi, que si les Compagnies le voulaient bien, nous arriverions à de meilleurs résultats.

Nous ne pouvons, ni ne voulons méconnaître les grands services que les Compagnies à prime fixe ont rendu à l'industrie et à l'Etat, en acclimatant facilement dans notre pays l'idée du risque professionnel ; nous reconnaissons qu'elles peuvent avoir dans leur manière d'agir plus de souplesse qu'une organisation d'Etat. C'est pour cela que, si elles le veulent, elles peuvent et doivent mieux faire. Et leur devoir est multiple.

Elles doivent nous donner l'assurance-accidents à bon compte.

Nous savons bien qu'elles peuvent répondre qu'elles font mieux, puisqu'elles nous la donnent à perte, et elles montreront des bilans désastreux. Mais n'y aurait il pas là une erreur de raisonnement analogue à celle qui consisterait, pour l'assurance-incendie, à isoler l'ensemble des risques industriels produisant peut-être de la perte, sans tenir compte des autres risques, donnant de beaux bénéfices.

Les Compagnies diront que le contrôle les oblige à cette séparation. Il nous sera facile d'objecter qu'elles peuvent, qu'elles doivent nous faire payer cette assurance moins cher qué tous les autres groupements. L'assurance-accidents leur donne des résultats certains, et puisque l'assurance-accidents-loi résulte d'une application légale leur accordant un véritable privilège, elles doivent ventiler autrement les frais généraux et ne lui en imputer que le strict minimum indispensable.

Elles doivent s'efforcer, par tous les moyens, de dissiper le malentendu très grave qui leur a aliéné les médecins. Elles doivent, dans l'intérêt de tous, partout où elles le pourront, d'accord avec les patrons, les syndicats, les municipalités, créer des cliniques de pansement bien installées, ouvertes à tous et où tous les médecins pourront, en toute indépendance et sans autre contrôle qu'un contrôle médical, accomplir tout leur devoir.

Elles doivent intéresser les patrons à la diminution des accidents, en bonifiant les primes des industriels à bon risque.

Elles doivent faire tout cela si elles ne veulent arriver à la création d'organismes d'Etat, qui les remplaceraient sans offrir les mêmes avantages.

Maintenant il nous reste à examiner, après avoir critiqué ce qui dans les textes ou les agissements des autres était critiquable, si nous avons fait tout notre devoir et si nous avons utilisé la loi comme nous aurions dû. Avons-nous assez compris combien est étroite la solidarité complète de tous nos intérêts ?

Avons-nous compris que la non-obligation nous imposait des devoirs plus stricts ?

Je crois déjà vous avoir signalé que le malaise médical provient de ce que nous avions trop épousé la querelle des assureurs. Avons-nous cherché, à part la très grosse industrie, à nous en affranchir ? Nous sommes-nous servis de cet article 5, nous permettant de nous affilier à des Sociétés de secours mutuels pour le paiement des indemnités temporaires et des frais médicaux ? Vous savez cependant que les médecins, les ouvriers eux-mêmes, se seraient prêtés et se prêtent plus volontiers à une discipline imposée par leurs pairs que par les Compagnies ou par nous.

Avons-nous assez développé ces Syndicats de garantie que la loi nous permet de créer, et qui nous rendraient plus facilement contrôlables et avec moins de frais, ces abus contre lesquels nous protestons ? Cependant, au lendemain de la première loi, le ministre des Travaux publics montrait bien le danger d'organisations trop centralisées. Dans sa circulaire du 5 mai 1899, il disait :

« Afin de garantir le service des rentes, il est nécessaire
« de recourir à des combinaisons mettant en jeu le plus
« grand nombre possible d'intéressés ; l'expérience, au
« contraire, a montré que les soins médicaux et pharmaceu-
« tiques et les indemnités pour incapacité temporaire ne
« peuvent être assurés dans de bonnes conditions pour tous
« les intérêts en cause, que si leur règlement dépend d'or-
« ganismes locaux exerçant leur action dans un rayon rela-
« tivement restreint. »

Cela nous serait d'autant plus facile que la caisse d'Etat est prête à nous assurer à un taux assez bas contre les risques d'invalidité permanente ou de mort.

Sommes-nous aussi certains, dans la moyenne ou petite industrie, celle qui recourt surtout à l'assurance des Compagnies, de l'exactitude absolue de toutes les déclarations patronales sur le montant des salaires ?

Sommes-nous assurés que tous les patrons ont compris que le facteur accident ne provenait pas seulement du hasard et, qu'à population ouvrière égale, deux patrons de mentalité différente auront des risques bien différents ?

Pour cela, il serait indispensable que des sanctions immédiates puissent intervenir et que les Compagnies aient assez de largeur de vues pour intéresser directement les patrons à la bonification de leurs risques, en accordant automatiquement des abaissements de tarifs individuels.

Lorsqu'un patron saura qu'il a un intérêt immédiatement tangible à diminuer son pourcentage d'accidents, bien des abus disparaîtront.

Si les Compagnies ne veulent pas entrer dans cette voie, il serait peut-être souhaitable que la Chambre de Commerce mette, à l'un de ses prochains ordres du jour, l'étude de cet organisme local d'assurances, assez souple pour faire sentir à chacun l'immédiate conséquence de ses fautes ; assez indépendant pour s'imposer à tous, patrons, médecins et ouvriers ; assez fort pour couvrir tous les risques.

Alors, si sur tous les terrains nous avons fait tout notre devoir, nous serons plus écoutés quand nous réclamerons à d'autres le respect de tous nos droits.

En conséquence, Messieurs, j'ai l'honneur de vous présenter, comme conclusion, les vœux suivants :

VŒUX

1º Que les articles 2, 3, 11 et 30 de la loi de 1896 soit modifiés ou complétés ainsi qu'il suit :

Art. 2. — ....Ceux dont le salaire annuel, qu'il s'agisse de paiement au mois ou à la journée, calculé comme il est prévu au paragraphe 4 de l'article 3, dépasse 2.400 francs, ne bénéficient de toutes les dispositions de la loi que jusqu'à concurrence de cette somme. Pour le surplus, ils n'ont droit qu'au quart des rentes ou des indemnités stipulées à l'article 3, à moins de conventions contraires élevant le chiffre de la quotité....

Art. 3. — ....Pour l'incapacité temporaire, si l'incapacité de travail a duré plus de deux jours, l'indemnité sera due à partir du troisième jour après l'accident....

Dans le cas de travail discontinu, le calcul du salaire journalier se fera de la même manière que pour le calcul du salaire annuel, article 10, paragraphe 3, de la présente loi....

Art. 11. — ....Tout blessé, ou, à son défaut, tout médecin requis pour donner ses soins à un accidenté du travail, devra en faire la déclaration dans les vingt-quatre heures au patron de l'accidenté, ou, à son défaut, à la mairie de la commune où il aura donné ses soins, à charge par le maire d'en prévenir, sans délai, le patron de l'ouvrier blessé....

Aʀᴛ. 30. — ....Sera punie, sous réserve de l'application de l'article 463 du Code pénal, des peines édictées par l'article 405 du même Code, toute personne qui aura simulé un accident ou toute victime d'un accident qui se sera fait délivrer, ou aura tenté de se faire délivrer l'indemnité temporaire fixée par l'article 3, alors qu'elle aura repris sa profession ou toute autre dans l'exercice de laquelle elle reçoit un salaire.

Sera passible des mêmes peines quiconque se sera rendu ou aura tenté sciemment de se rendre complice de ces manœuvres.

2º Que le Parlement prévoit dans la loi nouvelle :

a) En ce qui concerne la question médicale, l'organisation ou l'application d'un contrôle permettant le maintien du libre choix, la collaboration constante, si besoin est, des médecins des deux parties en présence, une sanction légale en cas de désaccord.

b) La suppression des petites rentes, sauf dans des cas exceptionnels et sur l'autorisation du président.

3º Que les tribunaux suivent la jurisprudence la plus récente, conforme à l'esprit de la loi, refusant toute rente pour impotence fonctionnelle n'entraînant pas diminution de la capacité du travail.

4º Que la Chambre de Commerce veuille bien porter à l'un de ses prochains ordres du jour, si cela devient nécessaire, la création d'un organisme local d'assurance contre les accidents du travail, garantissant uniquement les indemnités temporaires, les frais médicaux et pharmaceutiques, les autres risques étant assurés à la caisse de l'Etat.

La Chambre adopte, à l'unanimité, tous les vœux présentés par son rapporteur, décide l'impression du rapport et son envoi aux Pouvoirs publics et aux Chambres de Commerce.

Imp. Nancéienne, 6413-d.